мактаб - ụlọ akwụkwọ	2
саёҳат - njem	5
транспорт - njem	8
шаҳар - obodo	10
манзара - odida obodo	14
ресторан - ụlọ oriri na ọnụnụ	17
супермаркет - ụlọ ahịa	20
ичимликлар - ihe ọnụnụ	22
таом - nri	23
чорвачилик хўжалиги - ugbo	27
уй - ụlọ	31
меҳмонхона - ime ụlọ ezumike	33
ошхона - usekwu	35
ваннахона - ụlọ ịsa ahụ	38
болалар хонаси - ụlọ nwa	42
кийим - uwe	44
идора - ụlọ ọrụ	49
иқтисод - akụnụba	51
касблар - aka ọrụ	53
асбоблар - ngwaọrụ	56
мусиқа асбоблари - ngwa egwu	57
ҳайвонот боғи - zuu	59
спорт ўйинлари - egwuregwu	62
машғулот - ihe omume	63
оила - ezinụlọ	67
тана - ahụ	68
шифохона - ụlọ ọgwụ	72
тез ёрдам - mberede	76
Ер - Ụwa	77
соат - elekere	79
ҳафта - izu	80
йил - afọ	81
шакллар - ụdị	83
ранглар - na agba	84
қарама-қарши маъноли сўзлар - mmegide	85
рақамлар - nọmba	88
тиллар - asụsụ	90
ким / нима / қандай - onye / ihe / olee	91
қаерда - ebee	92

Impressum
Verlag: BABADADA GmbH, Nedderfeld 112 , 22529 Hamburg
Geschäftsführer / Verlagsleitung: Harald Hof
Druck: Books on Demand GmbH, In de Tarpen 42, 22848 Norderstedt

Imprint
Publisher: BABADADA GmbH, Nedderfeld 112 , 22529 Hamburg, Germany
Managing Director / Publishing direction: Harald Hof
Print: Books on Demand GmbH, In de Tarpen 42, 22848 Norderstedt, Germany

мактаб
ụlọ akwụkwọ

- бўлмоқ / nkewa
- доска / obosara
- синф / n'ime ụlọ akwụkwọ
- мактаб ҳовлиси / ogige ụlọ akwụkwọ
- ўқитувчи / onye nkuzi
- қоғоз / akwukwo
- ёзмоқ / dee
- ручка / mkpịsị ode akwụkwọ
- иш столи / tebụl
- линейка / ngwaoru eji atu ihe osise
- китоб / akwụkwọ
- ўқувчи / nwa akwụkwọ

осма сумка
akpa

қаламдон
akpa pensụl

қалам
pensụl

қалам учлагич
nkọ pensụl

ўчиргич
rọba

расм албоми
obosara ihe osise

чизмачилик
ihe osise

бўёқ чўтка
ahịhịa agba

бўёқдон
igbe agba

қайчи
mkpa

елим
mmapa

машғулот дафтари
akwụkwọ mmega

уй иши
ọrụ omume ulo

рақам
nọmba

қўшмоқ
tinye

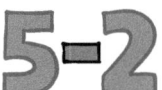

айирмоқ
wepụ

кўпайтирмоқ
ba uba

ҳисобламоқ
gbakọọ

хат
ozi

алифбо
abiichii

сўз
okwu

мактаб - ụlọ akwụkwọ

матн
ederede

ўқимоқ
gụọ

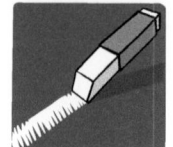
бўр
nzu

дарс
ihe mmụta

журнал
deba aha

имтиҳон
ule

гувоҳнома
asambodo

мактаб формаси
uwe ụlọ akwụkwọ

таълим
agumakwukwo

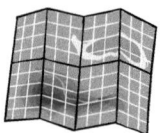
қомус
akwụkwọ nkà ihe ọmụma

олийгоҳ
mahadum

микроскоп
mikroskopu

харита
maapụ

урна
nkata-ahihia

мактаб - ụlọ akwụkwọ

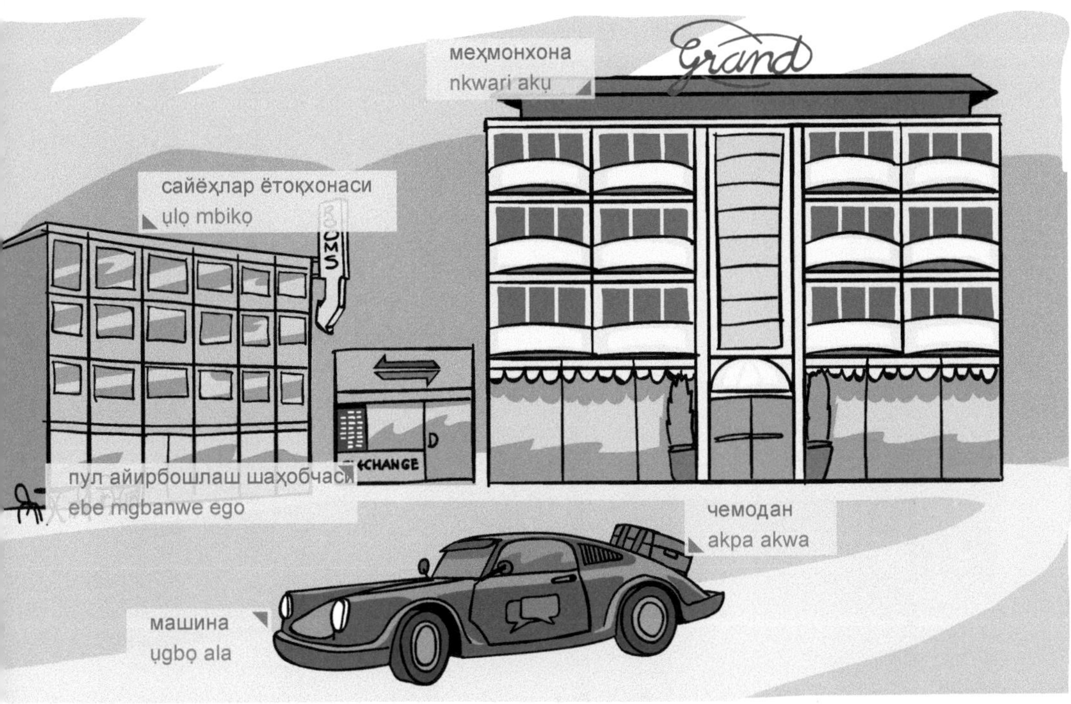

саёҳат
njem

меҳмонхона
nkwari akụ

сайёҳлар ётоқхонаси
ụlọ mbikọ

пул айирбошлаш шаҳобчаси
ebe mgbanwe ego

чемодан
akpa akwa

машина
ụgbọ ala

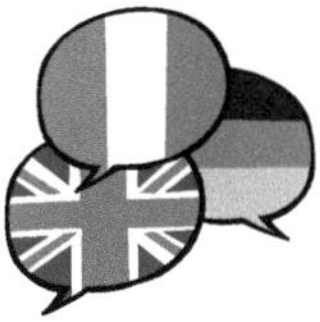

тил
asụsụ

ҳа / йўқ
ee / mba

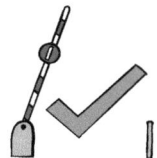

Хўп
Ọdịkwa mma

салом
nnọọ

таржимон
onye ntughari

Раҳмат
Daalụ

неча пул...?
ego ole bụ...?

Тушунмадим
Aghọtaghị m

муаммо
nsogbu

Хайрли кеч!
Mgbede ọma!

Хайрли тонг!
Ụtụtụ ọma!

Хайрли тун!
Ka chifoo!

кўришгунча
ka ọ dị

йўналиш
ntụziaka

йўловчи юки
ibu

сафархалта
akpa

юк халта
akpa azu

меҳмон
ọbịa

хона
ime ụlọ

уйқуқоп
akpa ụra

чодир
ụlọikwuu

саёҳат - njem

саёҳларга маълумот бериш столи
ozi njem nleta

пляж
osimiri

омонат карта
kaadị akwụmụgwọ

нонушта
nri ụtụtụ

нонушта
nri ehihie

кечки овқат
nri abalị

чипта
tiketi

лифт
mbuli

марка
stampụ

чегара
ókè

божхона
ndị kọstọm

элчихона
ụlọ ọrụ nnọchite anya obodo

виза
visa

паспорт
paspọtụ

саёҳат - njem

транспорт
njem

- самолет — ugboelu
- кема — ugbo mmiri
- ўт ўчирувчи машина — oku ingin
- автобус — bos
- юк автомобили — gwongworo
- моторли қайиқ — ugbo mmiri
- машина — ugbo ala
- велосипед — ogbatumtum

солсимон ясси кема

ugbo

қайиқ

ugbo mmiri

мотоцикл

ogba tum tum

посбон машинаси

ugbo ala uwe ojii

пойга машинаси

ugbo ala na-agba oso

ижарага олинган автоулов

ugbo ala mgbazinye

автоижара

nkekọrịta ụgbọ ala

шатакка олувчи юк автомобили

gwongworo

ахлат машинаси

ụgbọala ntufu ahihia

мотор

moto

ёқилғи

mmanụ ụgbọala

ёқилғи қуйиш шаҳобчаси

ebe ana ere mmanu

йўл белгиси

akara okporo ụzọ

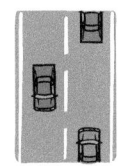

йўл ҳаракати

okporo ụzọ

тирбанд

mkpọchị okporo ụzọ

автомобил тўхтаб туриш жойи

odu ụgbọ ala

поезд бекати

ọdụ ụgbọ oloko

рельс

ụzọ

поезд

ụgbọ oloko

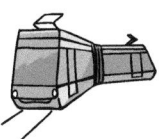

трамвай

ụgbọ oloko

вагон

ajụjụ

транспорт - njem

вертолёт
helikopta

аэропорт
ọdụ ụgbọ elu

минора
ụlọ elu

йўловчи
onye njem

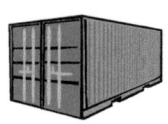
контейнер
akpa

қоғоз қути
katọn

аравача
ụgbọ ibu

сават
nkata

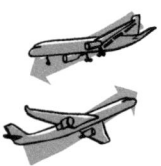
учмоқ / қўнмоқ
gbapụ / ala

шаҳар
obodo

қишлоқ
obodo

шаҳар маркази
etiti obodo

уй
ụlọ

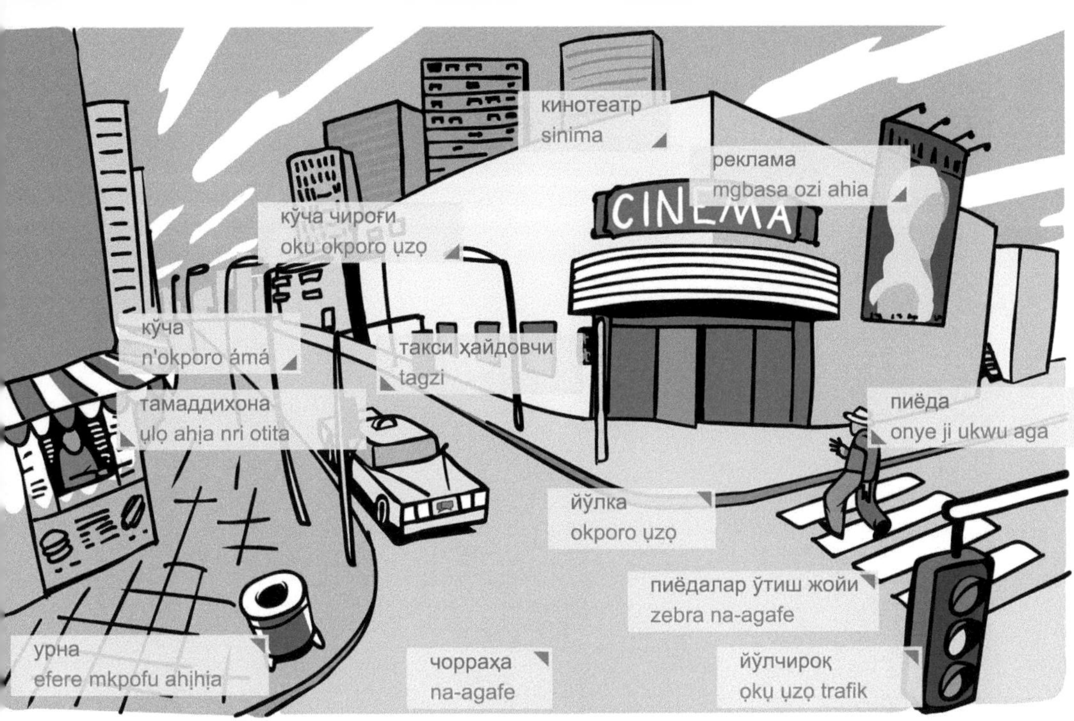

кинотеатр
sinima

реклама
mgbasa ozi ahia

кўча чироғи
oku okporo uzo

кўча
n'okporo ámá

такси ҳайдовчи
tagzi

тамаддихона
ụlọ ahịa nri otita

пиёда
onye ji ukwu aga

йўлка
okporo ụzọ

пиёдалар ўтиш жойи
zebra na-agafe

урна
efere mkpofu ahịhịa

чорраҳа
na-agafe

йўлчироқ
ọkụ ụzọ trafik

кулба
obi

квартира
ohiha

поезд бекати
ọdụ ụgbọ oloko

маҳаллий ҳокимият
биноси
nnukwu ọnụ ụlọ obodo

музей
ihe ngosi nka

мактаб
ụlọ akwụkwọ

шаҳар - obodo

олийгоҳ

mahadum

банк

ụlọ akụ

шифохона

ụlọ ọgwụ

меҳмонхона

nkwari akụ

дорихона

ahịa ọgwụ

идора

ụlọ ọrụ

китоб дўкони

ụlọ ahịa akwụkwọ

дўкон

ụlọ ahịa

гул дўкони

onye ore fulawa

супермаркет

ụlọ ahịa

бозор

ahịa

универмаг

ngalaba ụlọ ahịa

балиқ дўкони

onye azu

савдо маркази

ụlọ ahịa

бандаргоҳ

ọdụ ụgbọ mmiri

истироҳат боғи

ogige

банк

oche

кўприк

akwa ngafe

зинапоя

steepụ

метро

n'okpuruala

ер ости йўли

ọwara

автобус бекати

ebe bọs na-akwụsị

бар

ụlọ mmanya

ресторан

ụlọ oriri na ọnụnụ

почта қутиси

igbe akwụkwọ ozi

кўча ёзув осма тахтаси

akara okporo ụzọ

тўхтаб туриш вақтини ҳисоблагич

igwe nnara ego ndọba ụgbọala

ҳайвонот боғи

zuu

бассейн

ebe igwu mmiri

масжид

ụlọ alakụba

шаҳар - obodo

чорвачилик хўжалиги
ugbo

атроф-муҳит
ифлосланиши
mmeto

қабристон
ili

ибодатхона
ụlọ ụka

болалар ўйингоҳи
ama egwuregwu

эҳром
ụlọnsọ

манзара
odida obodo

- япроқ — akwụkwọ nri
- йўлкўрсатгич — akara
- йўл — ụzọ
- ўтлоқ — ahịhịa
- тош — nkume
- дарахт — osisi
- пиёда сайёҳ — onye njem
- дарё — osimiri
- майса — ahịhịa
- гул — ifuru

водий
ndagwurugwu

қир
ugwu

кўл
ọdọ mmiri

ўрмон
ọhịa

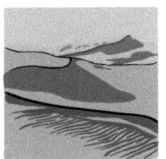
чўл
ọzara

вулкан
ugwu mgbawa

қалъа
nnukwu ụlọ

камалак
eke mmiri

қўзиқорин
ero

пальма дарахти
nkwụ

пашша
anwụnta

чивин
ofufe

чумоли
agbeshi

асалари
aṅụ

ўргимчак
ududo

манзара - odida obodo

қўнғиз

ahụhụ

қурбақа

awọ

олмахон

osa

типратикон

oke ọhịa

қуён

oke oyibo

укки

ikwiikwii

қуш

nnụnụ

оққуш

Agbanye

эркак чўчқа

ezi ọhịa

буғу

mgbada

бутоқ шоҳли кийик

anụ ọhịa

тўғон

ihe mgbochi mmiri

шамол генератори

ikuku igwe

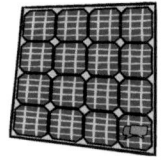

қуёш батареяси

igwe anwụ

иқлим

ihu igwe

16 манзара - odida obodo

ресторан
ụlọ oriri na ọnụnụ

официант
onye na-ebu nri

таомнома
ndeputa nri

стул
oche

шўрва
ofe

пицца
pizza

ошхона анжомлари
ngaji na nma

дастурхон
ákwà tebụl

газак

mbịdo

асосий таом

isi nri

десерт

mmeju nri

ичимликлар

ihe ọnụnụ

таом

nri

бутилка

karama

тез пишар таом

nri ngwa ngwa

кўча таоми

nri n'okporo ámá

чойнак

ketulu tii

шакардон

nnukwu efere shuga

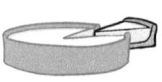

порция

òkè

эспрессо кофе машинаси

igwe kofi

болалар курсичаси

oche dị elu

ҳисоб

ụgwọ

лаган

efere obosara

пичоқ

nma

санчқи

ndụdụ

қошиқ

ngaji

чой қошиқ

ngaji tii

кўл сочиқ

akwụkwọ oche

стакан

iko

ресторан - ụlọ oriri na ọnụnụ

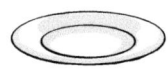  

ликоп	шўрва коса	тақсимча
efere	efere ofe	efere ihendori

 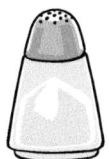 

қайла	туздон	қалампир янчгич
ihendori	ite nnu	igwe ose

сирка	ёғ	зираворлар
mmanya gbara ụka	mmanụ	ngwa nri

кетчуп	хантал	майонез
ihe ndori	mọstad	mayonezi

ресторан - ụlọ oriri na ọnụnụ

супермаркет

ụlọ ahịa

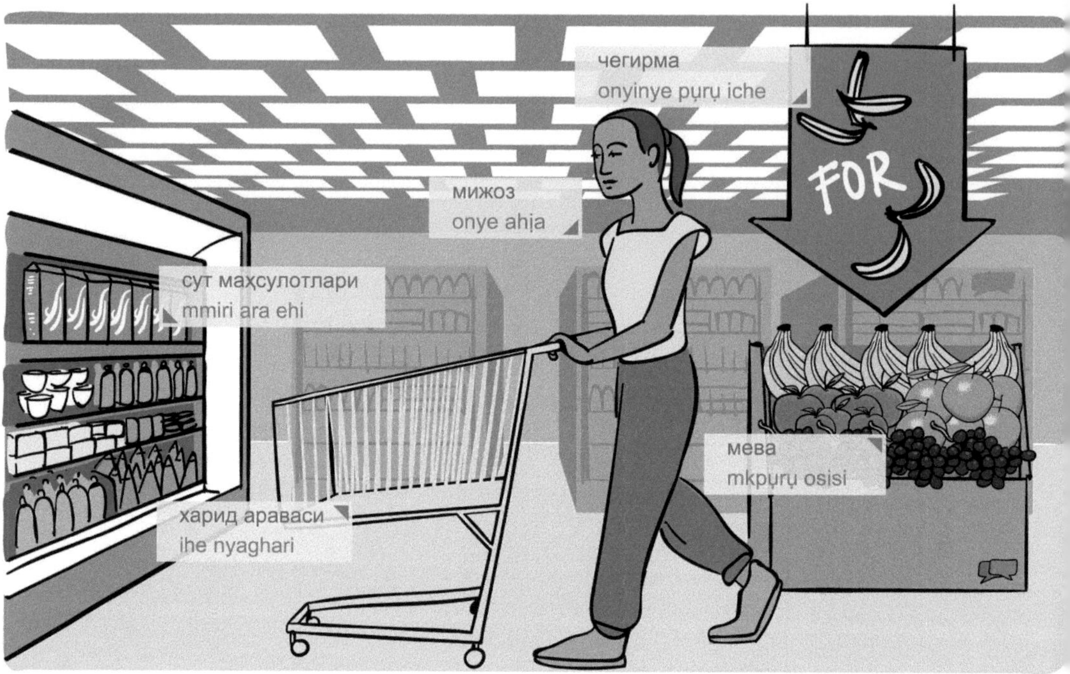

чегирма
onyinye pụrụ iche
мижоз
onye ahịa
сут маҳсулотлари
mmiri ara ehi
харид араваси
ihe nyaghari
мева
mkpụrụ osisi
FOR

BUTCHERS

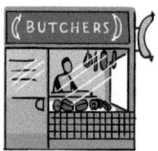

қассобхона

igbu anụ

BAKERY

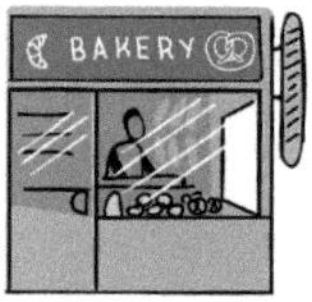

нонвойхона

onye ome achịcha

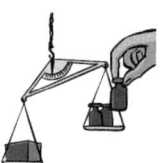

тарозида ўлчамоқ

tụọ

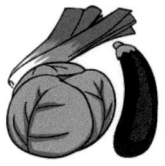

сабзавот

akwụkwọ nri

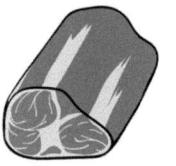

гўшт

anụ

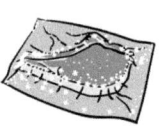

музлатилган таомлар

nri oyi kpọnwụrụ

яхна гўшт

anụ oyi

консерва

nri komkom

кир ювиш воситаси

ntụ ọsịsa

ширинликлар

ihe ụtọ

кундалик истеъмол моллар

ngwaahịa ụlọ

ювиш воситалари

ngwaahịa nhicha

сотувчи

onye n'ere ahia

касса аппарати

rue

ғазначи

onye okwu ugwo

харид рўйхати

ndepụta ịzụ ahịa

иш вақти

awa mmepe

ҳамён

obere akpa

омонат карта

kaadị akwụmụgwọ

халта

akpa

целлофан халта

akpa rọba

супермаркет - ụlọ ahịa

ичимликлар
ihe ọṅụṅụ

сув
mmiri

шарбат
ihe ọṅụọṅụ

сут
mmiri ara

кока-кола
mmanya otobiri kooku

вино
mmanya

пиво
biya

спиртли ичимлик
mmanya na egbu egbu

какао
koko

чой
tii

кофе
kọfị

эспрессо
kofi

капучино
cappuccino

таом
nri

банан
unere

олмахон
apụl

апельсин
oroma

қовун
egwusi

лимон
oroma nkịrịsị

сабзи
karọt

саримсоқ
galiki

бамбук
achara

пиёз
yabasị

қўзиқорин
ero

ёнғоқ
akụ

лағмон
nri eriri

спагетти
spaghetti

гуруч
osikapa

салат
nri ahihia

картошка-фри
ibe

қовурилган картошка
nduku eghere eghe

пицца
pizza

гамбургер
achịcha

сэндвич
sanwichi

тўқмоқланган тўш қиймаси
anụ

дудланган чўчқа гўшти
apata ụkwụ ezi

салями колбасаси
salami

сосиска
sọseeji

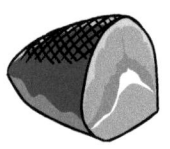
товуқ гўшти
ọkụkọ

қовурилган
ihunuoku

балиқ
azụ

таом - nri

сули бўтқаси

nri ọka

мюсли

nri ututu

маккажўхори ёрмаси

ọka

ун

ntụ ọka

француз булочкаси

achịcha

булочка

mpịakọta achịcha

нон

achịcha

қизартирилган нон бўлаги

tost

пиширик

biskit

сариёғ

bọta

творог

achịcha

пирог

achịcha

тухум

akwa

қовурилган тухум

akwa eghere eghe

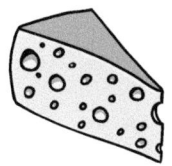

пишлоқ

chiiz

таом - nri

музқаймоқ
ihe nracha

шакар
shuga

асал
mmanụ aṅụ

мураббо
jam

шоколад пастаси
gbasaa shuga

зарчава
kọrị

таом - nri

чорвачилик хўжалиги
ugbo

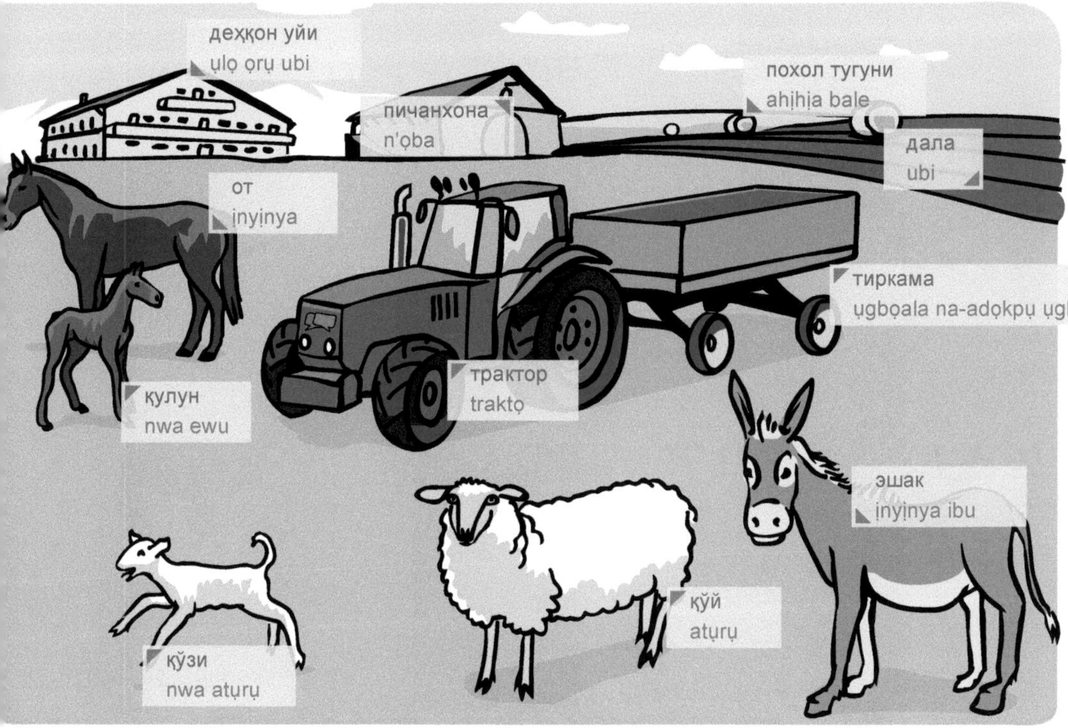

деҳқон уйи
ụlọ ọrụ ubi

пичанхона
n'ọba

похол тугуни
ahịhịa bale

дала
ubi

от
ịnyịnya

тиркама
ụgbọala na-adọkpụ ụgbọ

қулун
nwa ewu

трактор
traktọ

эшак
ịnyịnya ibu

қўзи
nwa atụrụ

қўй
atụrụ

эчки
mkpi

сигир
ehi

бузоқ
nwa ehi

чўчқа
ezi

чўчқа боласи
nwa ezi

буқа
ehi

ғоз
ọgazị

ўрдак
odoguma

жўжа
nwa okuko

товуқ
nne okuko

хўроз
oke ọkpa

каламуш
oke

мушук
pusi

сичқон
oke

ҳўкиз
ehi

ит
nkịta

каталак
nkịta ụlọ

ҳовли боғ шланги
paipu nhicha ogige

гулчелак
iko mgbara mmiri

белўроқ
scythe

темир омоч
ịkọ

қўлўроқ
mma ọhịa

чопқи
ogu

паншаха
fọk ahihia

болта
anyu-ike

ғалтакарава
wiilbaro

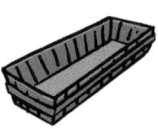

охур
ubi

сут бидони
komkom mmiri ara ehi

тўрва
akpa

панжара
ngere

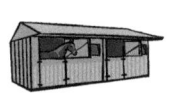

оғилхона
ụlọanụ

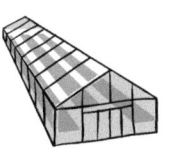

иссиқхона
ulo glaasi

тупроқ
ala

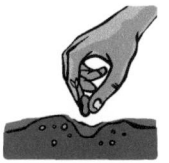

уруғ
mkpụrụ

ўғит
fatịlaịza

комбайн
njikọta ihe ubi

чорвачилик хўжалиги - ugbo

ҳосил олмоқ

owuwe ihe ubi

йиғим-терим

owuwe ihe ubi

ямс

ji

буғдой

ọka wit

соя

soya

картошка

nduku

маккажўхори

ọka

рапс уруғи

mkpụrụ osisi

мевали дарахт

osisi mkpụrụ osisi

маниок

akpu

ёрма

nri ọka

чорвачилик хўжалиги - ugbo

уй
ụlọ

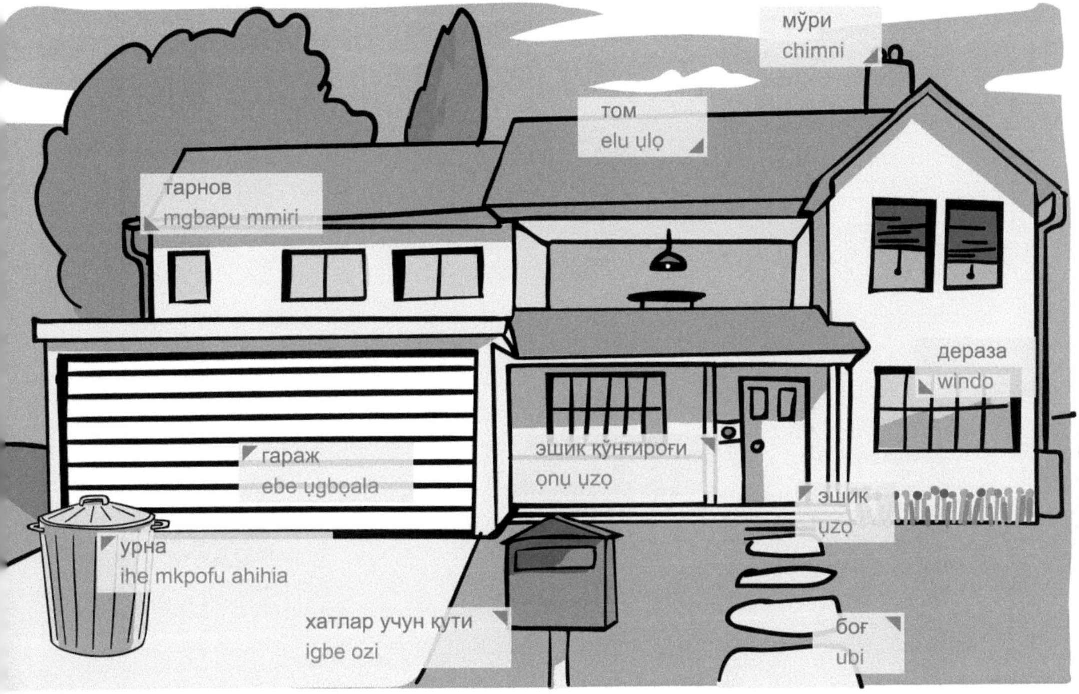

мўри
chimni

том
elu ụlọ

тарнов
mgbapu mmiri

дераза
windo

гараж
ebe ụgbọala

эшик қўнғироғи
ọnụ ụzọ

эшик
ụzọ

урна
ihe mkpofu ahihia

хатлар учун қути
igbe ozi

боғ
ubi

меҳмонхона
ime ụlọ ezumike

ваннахона
ụlọ ịsa ahụ

ошхона
usekwu

ётоқхона
ime ụlọ

болалар хонаси
ụlọ nwa

ошхона
ime ụlọ erimeri

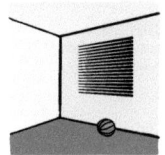
пол
ala

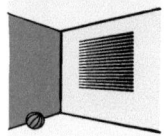
девор
mgbidi

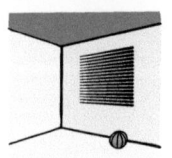
шип
uko ụlọ

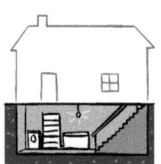
подвал
okpuru ụlọ

сауна
sawụna

болохона айвони
ihu mbara

айвон
mbara ihu ulo

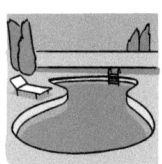
бассейн
ọdọ mmiri

ўт ўргич машина
igwe eji asụ ahịhịa

кўрпажилд
mpempe akwụkwọ

чойшаб
ihe ndina akwa

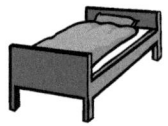
кроват
akwa ndina

супурги
aziza

пақир
bọket

мурват
mgba ọkụ

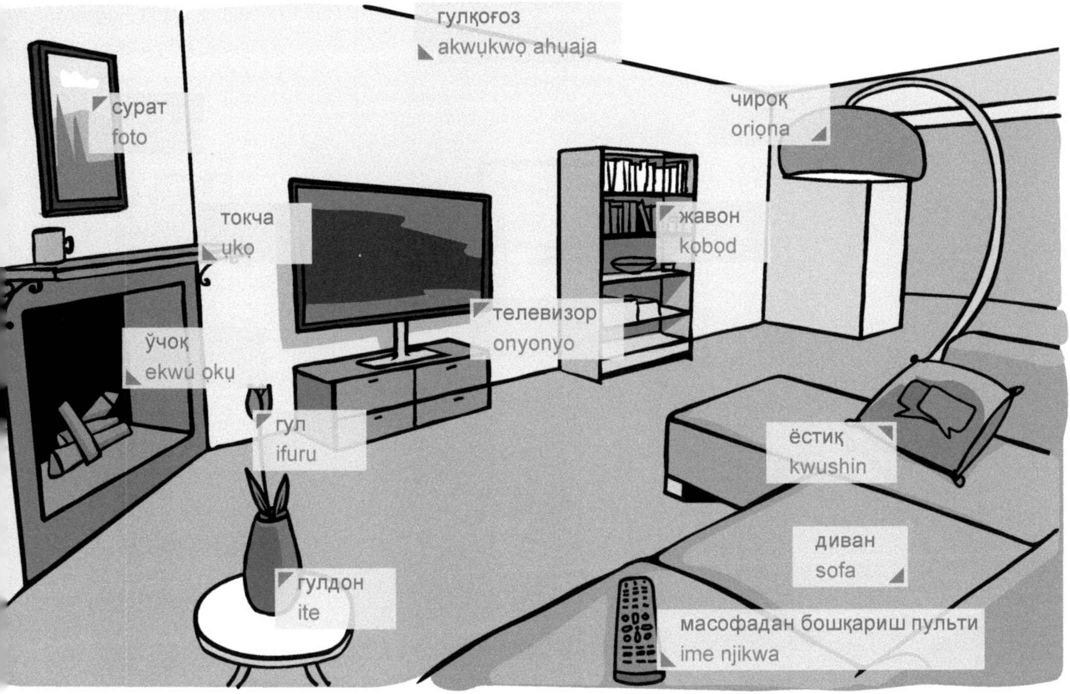

меҳмонхона
ime ụlọ ezumike

сурат — foto
гулқоғоз — akwụkwọ ahụaja
чироқ — oriọna
токча — ụkọ
жавон — kobọd
ўчоқ — ekwú okụ
телевизор — onyonyo
ёстиқ — kwushin
гул — ifuru
диван — sofa
гулдон — ite
масофадан бошқариш пульти — ime njikwa

гилам
kapeeti

парда
ákwà mgbochi

стол
tebụl

стул
oche

тебранма курси
mkpatụ oche

кресло
oche

китоб
akwụkwọ

кўрпа
akwa mkpuchi

ҳашам
ihe ochicho mma

ўтин
nkụ

кино
ihe nkiri

стерео қурилма
ngwa hi-fi

калит
igodo

рўзнома
akwụkwọ akụkọ

расм
eserese

плакат
posta

радио
redio

ён дафтар
akwụkwọ ozi

чанг ютгич
igwe nhicha ala

кактус
kaktus

шам
kandụl

меҳмонхона - ime ụlọ ezumike

ошхона
usekwu

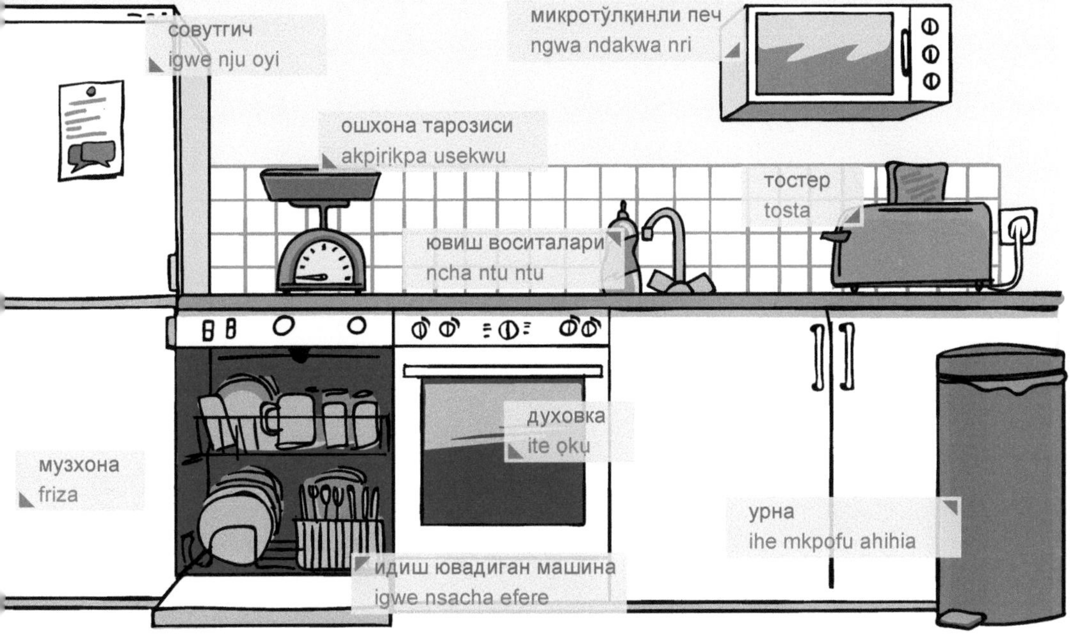

совутгич
igwe nju oyi

микротўлқинли печ
ngwa ndakwa nri

ошхона тарозиси
akpirikpa usekwu

тостер
tosta

ювиш воситалари
ncha ntu ntu

духовка
ite oku

музхона
friza

урна
ihe mkpofu ahihia

идиш ювадиган машина
igwe nsacha efere

плита
osi ite

кастрюль
ite

чўян қозон
ite-igwe

бўртма тубли това
wok / kadai

това
ite mmanu oku

човгун
ketulu

мантиқасқон
ụzọkụ

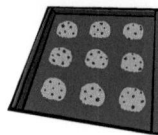
тунука това
efere nri

идиш
ite mmiri

кружка
iko

коса
nnukwu efere

таом ейиш таёқчалари
osisi

чўмич
ngazi

куракча
ngazi mmanụ ọkụ

кўпиртиргич
ntụgharị

элак
nje

элак
nyọ

қирғич
nkwọ

ҳовонча
ikwe

гриль
anụ mmịkpọ

олов
imeghe oku

ошхона - usekwu

оштахта
bọọdụ ncha ihe

жува
osisi mgbatị

пармасимон тиқин очгич
ihe mmeghe mmanya

консерва
komkom

консерва очгич
ihe mmeghe komkom

тутгич
ite njide

унитаз
efere nsacha

идиш чўтка
ihe nsa eze

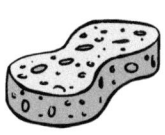

қозонсочиқ
ogbo

қориштиргич
nkwori

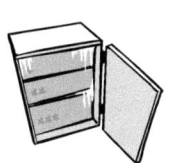

музлатгич
friza

сўрғичли чақалоқ бутилкаси
karama nwa

кран
mkpọrụ mmiri

ошхона - usekwu

ваннахона
ụlọ ịsa ahụ

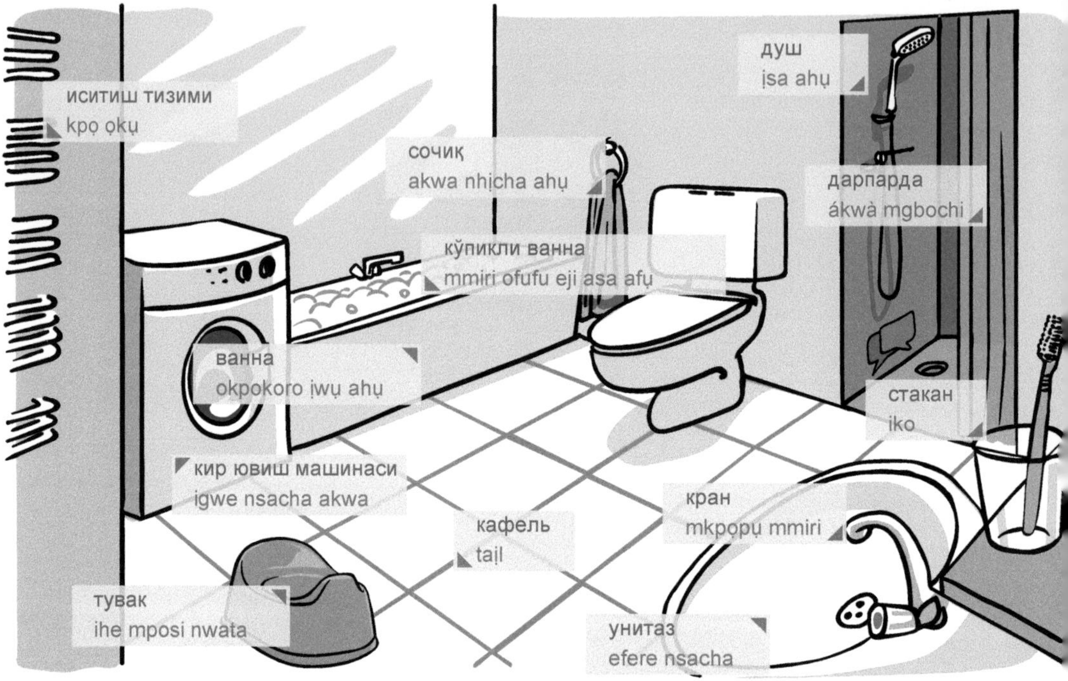

иситиш тизими
kpo oku

душ
ịsa ahụ

сочиқ
akwa nhicha ahụ

дарпарда
ákwà mgbochi

кўпикли ванна
mmiri ofufu eji asa afụ

ванна
okpokoro iwụ ahụ

стакан
iko

кир ювиш машинаси
igwe nsacha akwa

кран
mkpọrụ mmiri

кафель
taịl

тувак
ihe mposi nwata

унитаз
efere nsacha

ҳожатхона

ụlọ mposi

полга ўрнатиладиган унитаз

mposi squat

таҳоратдон

basin eji asa ebe nzuzo ahu

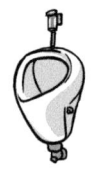

сийдик унитази

ebe inyu mmamịrị oha

ҳожатхона қоғози

akwụkwọ mposi

ҳожатхона чўткаси

ahihia ụlọ mposi

тиш чўтка
brọsh

тиш пастаси
ihe nhicha eze

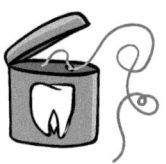

тиш тозалагич ип
nhicha eze

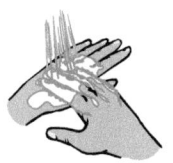

ювмоқ
saa

дастакли душ
ịsa aka

таҳорат учун душ
isa mmiri showa

тоғора
nnukwu efere nsacha

елка қашлайдиган чўтка
agba ahịhịa eji ete penti

совун
ncha

душ учун гель
ncha mmiri nsa ahụ

шампунь
ncha ntutu

мочалка
uwe ajiajuru

қувур
mgbapu mmiri

крем
ude

дезодарант
senti

ваннахона - ụlọ ịsa ahụ

кўзгу
enyo

қўл кўзгуси
enyo aka

устара
rezo

устара учун кўпик
ụfụfụ ịkpụ afụ

салқинлантирувчи бальзам
mgbe emechara aji

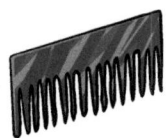

тароқ
mbo

чўтка
ahịhịa

фен
okponku ntutu

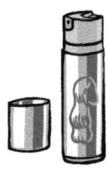

соч учун лак
Ihe mmiri ana agba na isi

пардоз-андоз
ntecha

лаб учун помада
mmanụ ọnụ

тирноқ лаки
ntecha mbọ aka

пахта
owu

тирноқ қайчиси
mkpa mbọ aka

духи
senti

ваннахона - ụlọ ịsa ahụ

пардоз-андоз халтаси

akpa uwe

курси

oche

тарози

erikpu

чўмилиш халати

akwa towelu

резина қўлқоп

gloovu roba

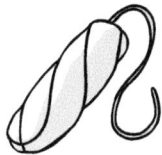

тампон

ihe mkpuchi obara ogbugbua

гигиеник таглик

ihe mkpuchi nso nwanyi

биоҳожатхона

ụlọ mposi

ваннахона - ụlọ ịsa ahụ

болалар хонаси

ụlọ nwa

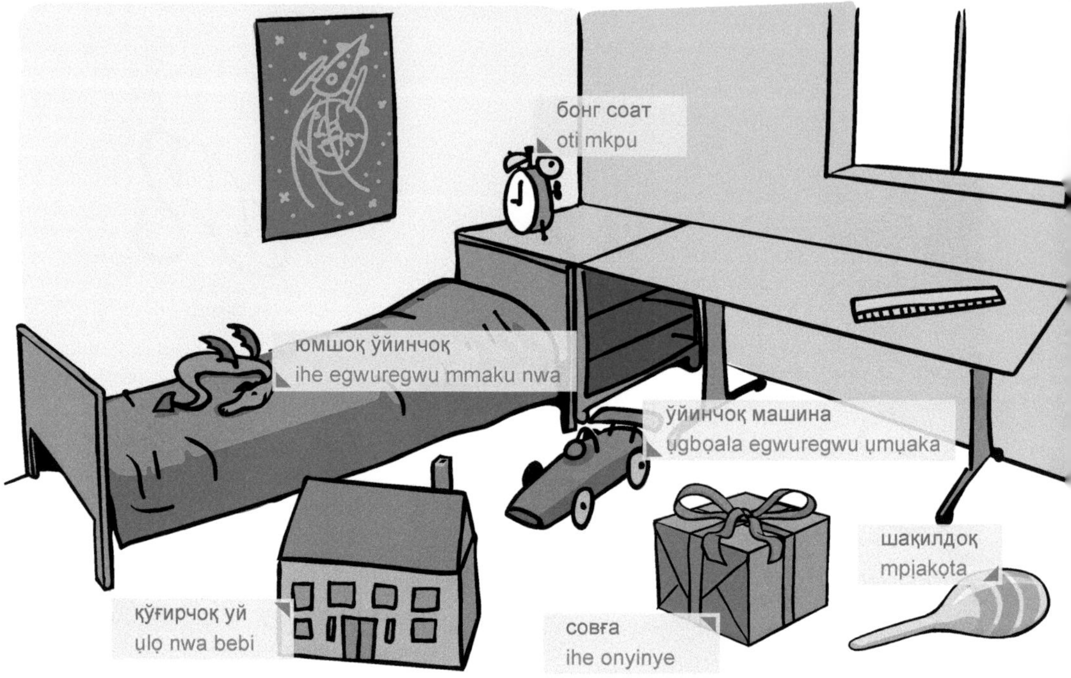

бонг соат
oti mkpu
юмшоқ ўйинчоқ
ihe egwuregwu mmaku nwa
ўйинчоқ машина
ụgbọala egwuregwu ụmụaka
шақилдоқ
mpịakọta
қўғирчоқ уй
ụlọ nwa bebi
совға
ihe onyinye

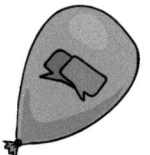

шар

balun

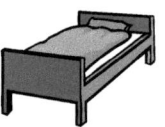

кроват

akwa ndina

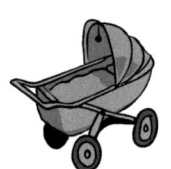

болалар аравачаси

ihe obu nwa

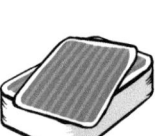

карта тўплами

oche kaadị

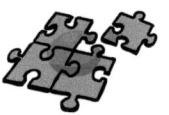

терма тасвир

egwuregwu mgbagwoju anya

SUPER
MEGA

кулгили саҳна асари

na-atọ ọchị

лего ғиштлари

lego brik

ўйинчоқ кубиклар

ihe owuwu ụlọ

ўйинчоқ қаҳрамон

ihe ngosi ọgụ

ползунка

utonwa

учар ликопча

ihe egwuregwu diski na efe efe

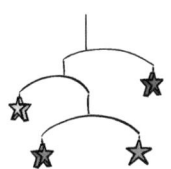

осма шақилдоқ

mbughari

стол ўйини

bọọdụ egwuregwu

ошиқ

dais

поезд макети

nlereanya ụgbọ okporo ígwè

сўрғич

ihe oyiri mmadu eji egosi akwa

ўтириш

otu

расмли китоб

akwụkwọ foto

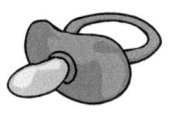

копток

bọọlụ

қўғирчоқ

nwa bebi

ўйнамоқ

kpọọ

болалар хонаси - ụlọ nwa

43

қумдон

olulu aja

арғимчоқ

janglova

ўйинчоқлар

ihe egwuregwu gasi

ўйин приставкаси

ihe egwuregwu vidiyo

уч ғилдиракли велосипед

ogbatumtum

бахмал айиқ

ihe egwuregwu ụmụaka

кийим шкафи

wodrobu

кийим
uwe

пайпоқ

sọks

чулки

sọks

колготка

uwe ime ahụ

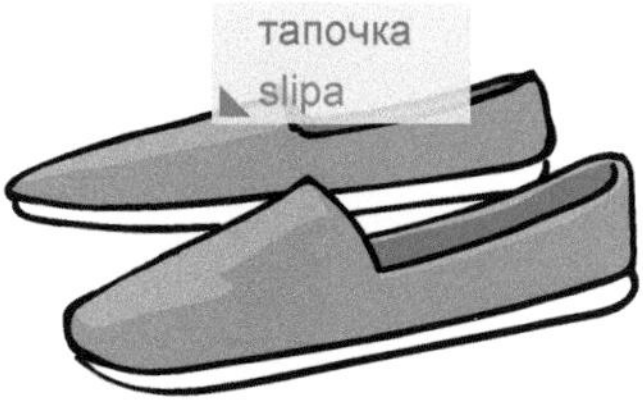

шарф
ịchafụ

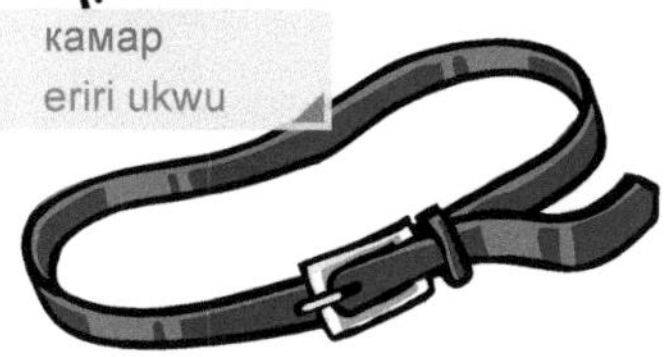

камар
eriri ukwu

соябон
nche anwụ

футболка
uwe elu

ботинка
akpụkpọ ụkwụ

кроссовка
akpụkpọ ụkwụ njem

тапочка
slipa

шиппак
akpụkpọ ụkwụ

туфли
akpụkpọ ụkwụ

резина этик
akpụkpọ ụkwụ roba

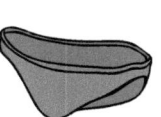

тор турсик
uwe ime ahu

кўкракпеч
efe ara

майка
uwe na enweghi aka

кийим - uwe

боди
ahụ

иштон
trauza

жинси
trauza siri ike

юбка
sket

кофта
uwe elu nwanyị

кўйлак
uwe elu

жемпер
akwa njuoyi eji isi eyi

узун чакмон
uwe njuoyi

спорт бичимидаги пиджак
jakeeti

куртка
jakeeti

пальто
ochu oyi uwe elu

плаш
akwa mmiri

либос
ekike

кўйлак
uwe ogologo

келин кўйлак
uwe agbamakwụkwọ

кийим - uwe

 костюм шим uwe suutu	 тунги кўйлак uwe abalị	 пижама pajamas
 сари uwe umunwanyi Indian	 шолрўмол mkpuchi isi	 салла okpu
 паранжи akwa mkpuchi ihu	 чакмон uwe ogologo nwanyi	 абая abaya
 чўмилиш костюми akwa mmiri	 турсик uwe eji egwu mmiri	 шортик nịịka
 спорт костюми uwe mmega ahụ	 фартук uwe nchekwa	 қўлқоп uwe aka

кийим - uwe

тугма
boṭinụ

кўзойнак
ugegbe anya

билагузук
mgbaaka

мунчоқ
eriri olu

узук
mgbanaka

сирға
ola nti

кепка
okpu

пальто илгак
ihe nkowe uwe elu

шляпа
okpu

бўйинбоғ
tai

замок
nzichi

дубулға
okpu agha

шим тортгич
ihe njide eze

мактаб формаси
uwe ụlọ akwụkwọ

форма
mbonotu

48   кийим - uwe

ошхўрак

ogho nri nwa

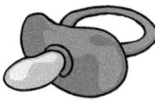

сўрғич

ihe oyiri mmadu eji egosi akwa

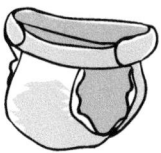

таглик

akwa nwanye nwa

идора
ụlọ ọrụ

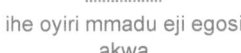

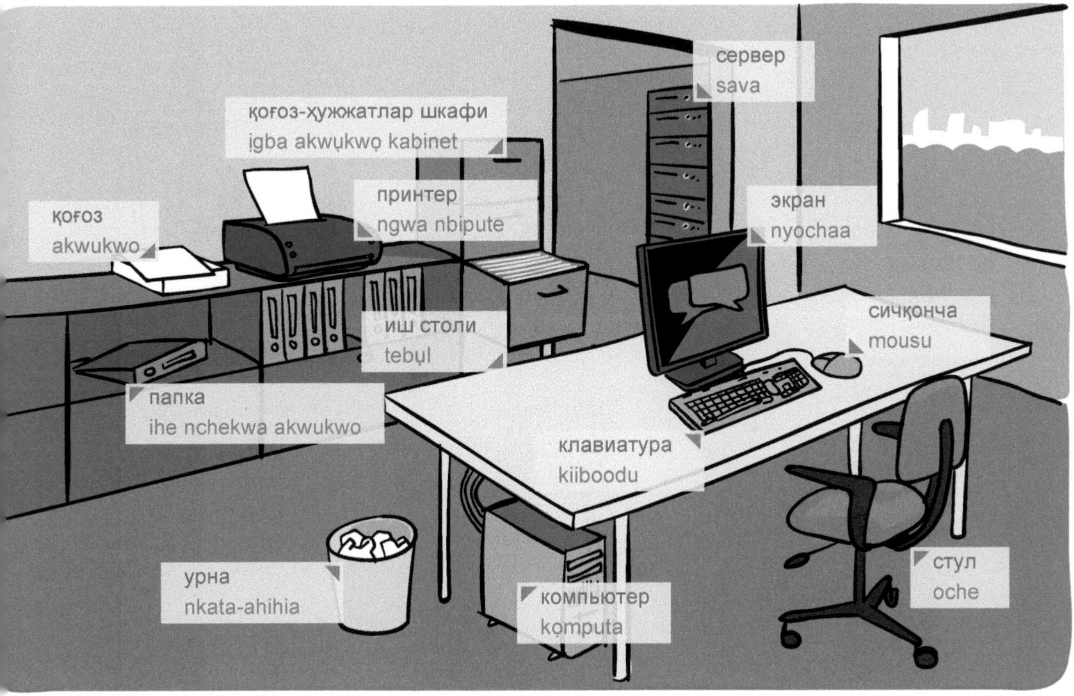

- сервер — sava
- қоғоз-ҳужжатлар шкафи — ịgba akwụkwọ kabinet
- қоғоз — akwukwo
- принтер — ngwa nbipute
- экран — nyochaa
- иш столи — tebụl
- сичқонча — mousu
- папка — ihe nchekwa akwukwo
- клавиатура — kiiboodu
- стул — oche
- урна — nkata-ahihia
- компьютер — komputa

кофе кружкаси

iko kọfị

калькулятор

igwe mgbakọ

интернет

ịntaneti

идора - ụlọ ọrụ 49

ноутбук
laptọọpụ

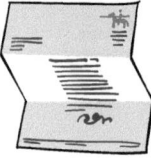
хат
leta

мактуб
ozi

уяли телефон
mkpanaka

тармоқ
netwọk

нусха кўчиргич
ihe mbiputa

дастур
ngwanrọ

телефон
ekwentị

розетка
ebe nkwụnye

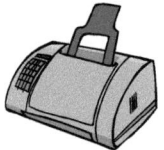
факс
igwe fax

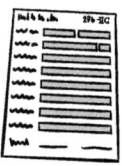
шакллар
ụdị

ҳужжат
akwụkwọ

идора - ụlọ ọrụ

иқтисод
akụnụba

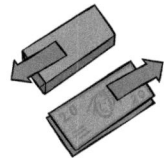
харид қилмоқ
zụta

тўламоқ
kwuo ugwo

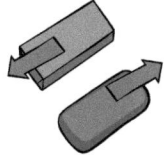
савдолашмоқ
ahia

пул
ego

доллар
ego ndi Amerika

евро
ego ndi Eruopu

йен
ego ndi japanizi

рубль
ego ndi Rusian

швейцар франки
Switzerland franc

Жэньминьби хитой юани
renminbi yuan

рупи
ego ndi Indian

банкомат
ebe akụmụgwọ

иқтисод - akụnụba 51

пул айирбошлаш шахобчаси
ebe mgbanwe ego

олтин
ọla edo

кумуш
ọlaọcha

нефт
mmanụ

энергия
ume

нарх
ọnụahịa

  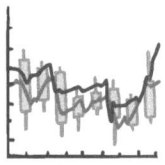

шартнома
nkwekọrịta

солиқ
ụtụ

акция
ngwaahịa

ишламоқ
ọrụ

ишчи
onye ọrụ

иш берувчи
onye were gị n'ọrụ

завод
ụlọ ọrụ mmeputa ngwahịa

дўкон
ụlọ ahịa

иқтисод - akụnụba

касблар
aka ọrụ

- полициячи — onye uwe ojii
- ўт ўчирувчи — onye mmenyu oku
- ошпаз — esi nri
- шифокор — dibia bekee
- учувчи — okwo ugboelu

боғбон
onye na-elekọta ubi

дурадгор
ọkwa nkà

тикувчи
akwa nwanyị

ҳакам
ọka ikpe

кимёгар
kemist

актёр
onye ome ihe nkiri

автобус ҳайдовчиси
ọkwọ ụgbọ ala

такси ҳайдовчи
ọkwọ ụgbọ ala

балиқчи
onye ọkụ azụ

фаррош
nwanyị nhicha

том устаси
roofer

официант
onye na-ebu nri

овчи
dinta

бўёқчи
onye na-ese ihe

нонвой
onye osi ite

электр устаси
onye ndozi ọkụ eletrik

қурувчи
onye na-ewu ụlọ

муҳандис
njinia

қассоб
onye na-egbu anụ

сувчи чилангар
plọmba

почтачи
onye ozi

касблар - aka ọrụ

аскар
onye agha

меъмор
onye na-ese ụkpụrụ ụlọ

ғазначи
onye okwu ugwo

гулчи
ore fulawa

сартарош
onye na-edozi ntutu isi

чиптачи
kondokto

механик
onye n'arụzi ụgbọala

капитан
onyeisi

тиш шифокори
dibia bekee eze

олим
ọkà mmụta sayensị

яхудийлар руҳонийси
rabaị

имом
imam

роҳиб
mọnk

руҳоний
ụkọchukwu

асбоблар
ngwaọrụ

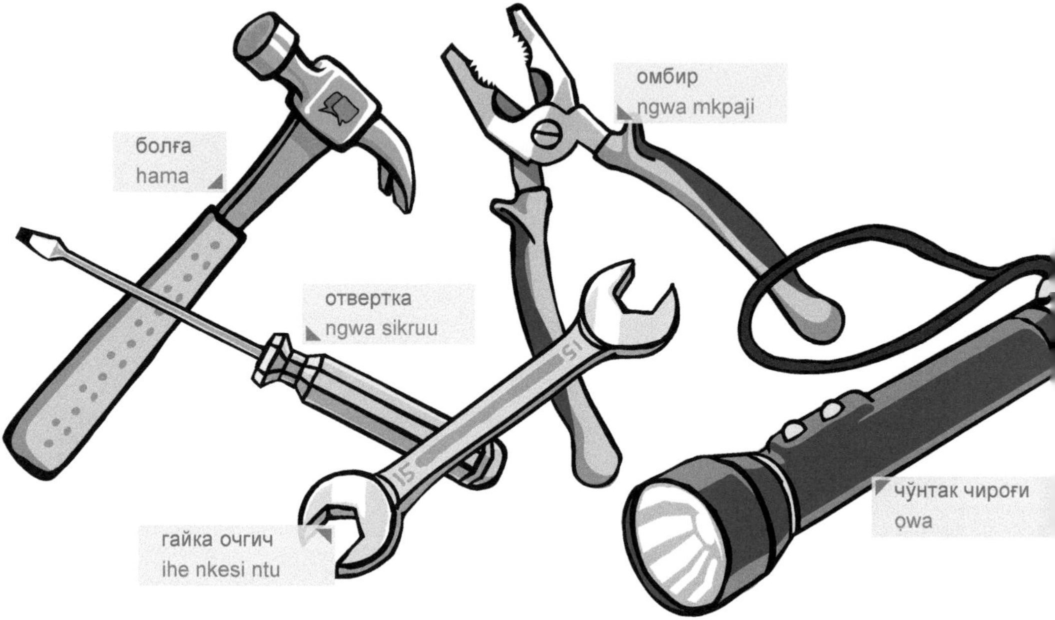

болға
hama

омбир
ngwa mkpaji

отвертка
ngwa sikruu

гайка очгич
ihe nkesi ntu

чўнтак чироғи
ọwa

экскаватор

igwu ala

асбоблар қутиси

igbe ngwaọrụ

нарвон

ubube

қўларра

nkwọ

мих

mbọ

пармадаста

igwe mkpọpu

тузатмоқ
mezie

белкурак
ihe eji egwu ala

Жин урсин!
Ụchụ!

хокандоз
efere ájá

бўёқ идиш
ite agba

бурама мих
ntu

мусиқа асбоблари
ngwa egwu

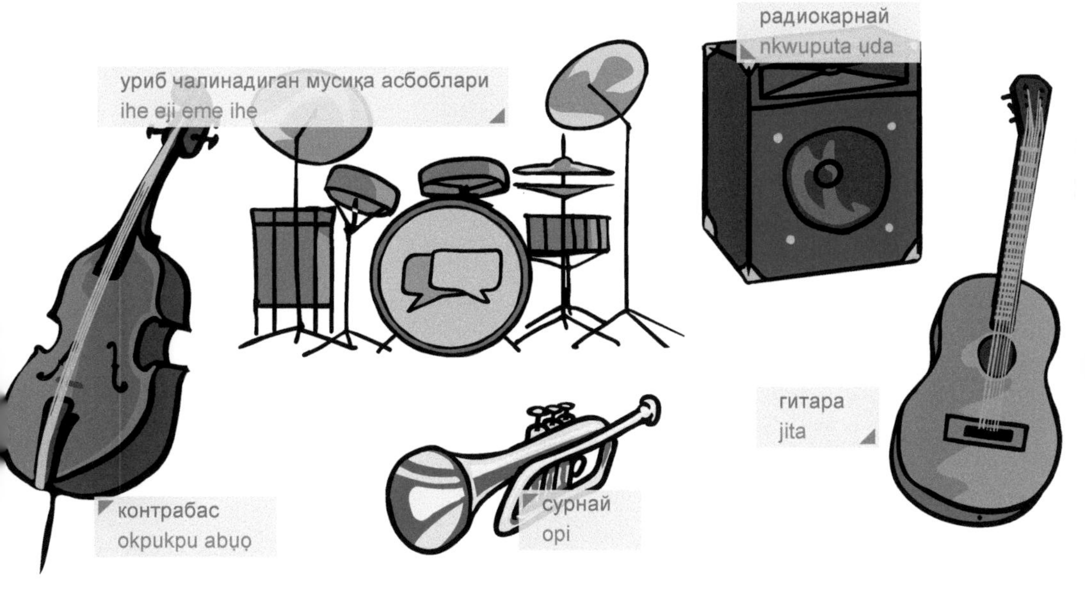

уриб чалинадиган мусиқа асбоблари
ihe eji eme ihe

радиокарнай
nkwuputa ụda

контрабас
okpukpu abụọ

сурнай
opi

гитара
jita

пианино

kiibọọdụ

ғижжак

violin

бас-гитара

bass

қўшноғора

timpani

дўмбира

igba

клавиатура

kiibọọdụ

саксофон

sasofone

най

ọjà

микрофон

igwe okwu

мусиқа асбоблари - ngwa egwu

ҳайвонот боғи
zuu

арслон
agu

кириш
ųzọ mbata

қафас
onu

зебра
inyinya ọhia

ем
nri anụmanụ

панда
panda

ҳайвонлар
anụmanụ

фил
enyi

кенгуру
kangaruu

каркидон
rhino

горилла
ozodimgba

айиқ
anụ ọhia

туя
kamel

туяқуш
enyí nnụnụ

шер
ọdụm

маймун
enwe

фламинго
flamingo

тўти
icheku

оқ айиқ
anụ ọhịa

пингвин
nnunu mmiri

акула
akụm

товус
ekwuru ụlọ

илон
agwo

тимсоҳ
agụ iyi

ҳайвонот боғи қоровули
onye na-elekọta zuu

тюлень
mechie

ягуар
agu

тўпичоқ от

ịnyịnya

қоплон

agụ owuru

бегемот

anụ ọhịa

жирафа

girraaf

бургут

ugo

эркак чўчқа

ezi ọhịa

балиқ

azụ

тошбақа

mbe

морж

anụ mmiri

тулки

nkịta ọhịa

оху

mgbada

ҳайвонот боғи - zuu

спорт ўйинлари
egwuregwu

машғулот
ihe omume

сакрамоқ / malie elu

кулмоқ / chia ochi

қучмоқ / mmakụ

юрмоқ / jee ije

куйламоқ / buo

ибодат қилмоқ / kpee ekpere

ўпмоқ / isusu onu

ҳаёл қилмоқ / nrọ

ёзмоқ
dee

чизмоқ
see

кўрсатмоқ
gosi

итармоқ
kwaa

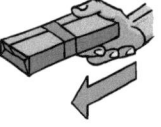

бермоқ
nye

олмоқ
nara

эга бўлмоқ

nwee

бажармоқ

mee

бўлмоқ

ịbụ

турмоқ

guzoro

югурмоқ

gbaa ọsọ

тортмоқ

dọọ

улоқтирмоқ

tufuo

йиқилмоқ

daa

алдамоқ

ụgha

кутмоқ

chere

ташимоқ

buru

ўтирмоқ

nọdụ ala

кийинмоқ

yi uwe

ухламоқ

hie ụra

уйғонмоқ

kulie

қарамоқ
lee anya

йиғламоқ
tie mkpu

зарба бермоқ
ọrịa strok

тарамоқ
mbo

гаплашмоқ
kwuo

тушунмоқ
ighọta

сўрамоқ
jụọ

тингламоқ
gee ntị

ичмоқ
ihe ọnụnụ

емоқ
rie

йиғиштирмоқ
dozie

севмоқ
ịhụnanya

пиширмоқ
isi nri

ҳайдамоқ
kwọọ

учмоқ
ofufe

машғулот - ihe omume

кемада сузмоқ
ụgbọ

ҳисобламоқ
gbakọọ

ўқимоқ
gụọ

ўрганмоқ
na-amụta

ишламоқ
ọrụ

турмуш қурмоқ
lụọ

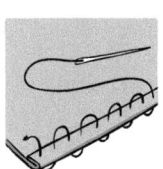
тикмоқ
idu

тиш ювмоқ
ahịhịa ezé

ўлдирмоқ
gbue

чекмоқ
anwụrụ ọkụ

йўлламоқ
zipu

оила
ezinụlọ

буви — nne nne
бува — nna nna
ота — nna
она — nne
чақалоқ — nwa
қиз — nwa nwanyị
ўғил — nwa nwoke

меҳмон
ọbịa

амма
nwanne nne/nna

тоға
nwanne nna/nne

ака
nwanne

опа
nwanne

оила - ezinụlọ

тана
ahụ

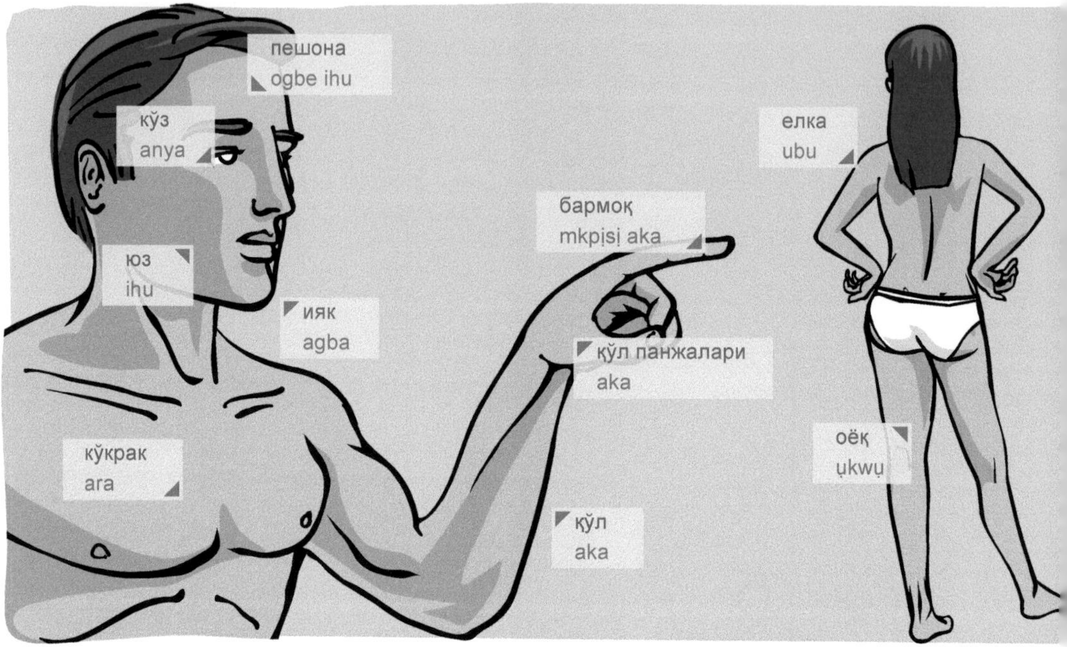

пешона
ogbe ihu

кўз
anya

юз
ihu

ияк
agba

кўкрак
ara

бармоқ
mkpịsị aka

қўл панжалари
aka

қўл
aka

елка
ubu

оёқ
ụkwụ

чақалоқ
nwa

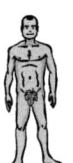

одам
nwoke

аёл
nwanyị

қиз бола
nwa nwanyị

ўғил бола
nwa nwoke

бош
ịsị

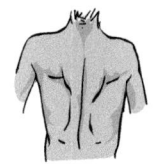

орқа
azu

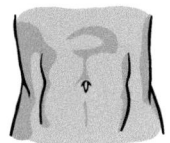

қорин
afọ

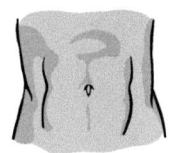

киндик
otubo

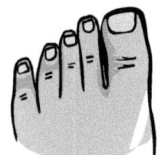

оёқ панжаси
mkpisi ukwu

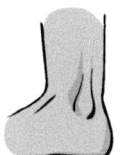

товон
ikiri ụkwụ

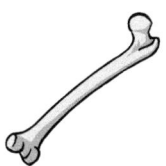

суяк
ọkpụkpụ

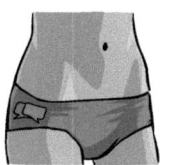

бел
ukwu

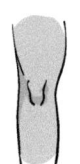

тизза
ikpere

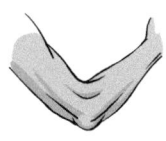

тирсак
ikpere aka

бурун
imi

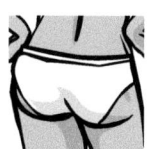

думба
ike

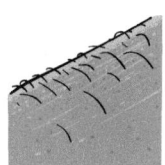

тери
akpụ kpọ ahụ

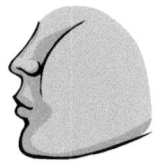

яноқ
nti

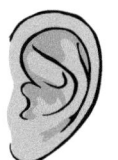

қулоқ
ntị

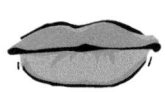

лаб
egbugbere ọnụ

тана - ahụ

оғиз
ọnụ

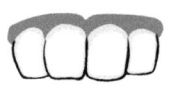

тиш
eze

тил
ire

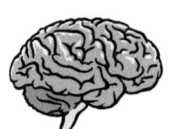

мия
ụbụrụ

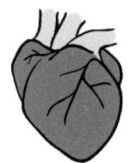

юрак
mkpụrụ obi

мушак
akwara

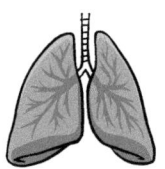

ўпка
akpa ume

жигар
umeji

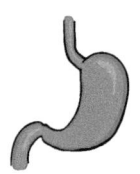

ошқозон
afọ

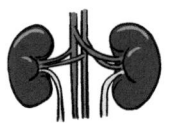

буйрак
akụrụ

жинсий алоқа
mmekọahụ

презерватив
kondom

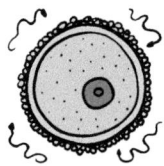

тухум ҳўжайра
akwa nwanyị

уруғ
ọbara ọcha

ҳомиладорлик
afọ ime

тана - ahụ

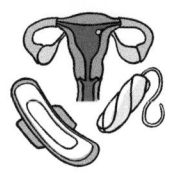
ҳайз
nsọ nwanyị

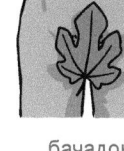
бачадон
ọtụ

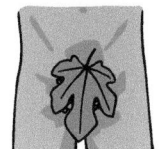
олат
amụ

қош
nku anya

соч
ntutu

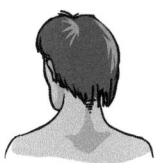
бўйин
olu

тана - ahụ

шифохона
ụlọ ọgwụ

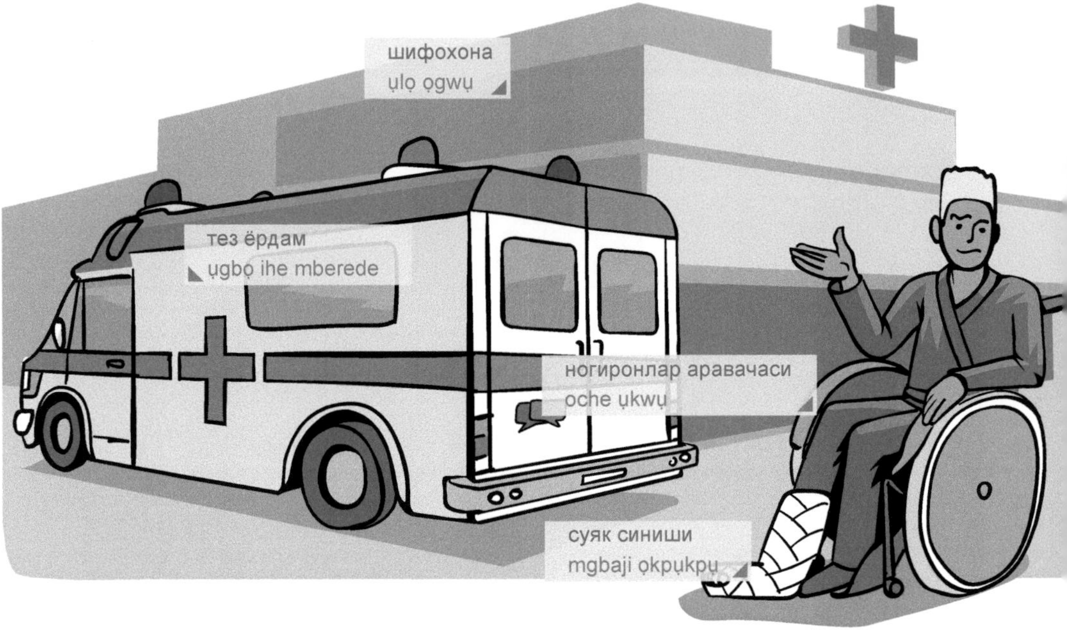

шифохона
ụlọ ọgwụ

тез ёрдам
ụgbọ ihe mberede

ногиронлар аравачаси
oche ụkwụ

суяк синиши
mgbaji ọkpụkpụ

шифокор

dibia bekee

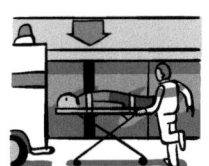

Шошилинч тиббий ёрдам кўрсатиш бўлими

ụlọ mberede

ҳамшира

nọọsụ

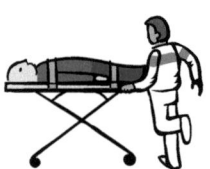

тез ёрдам

mberede

ҳушсизлик

amaghị ihe ọ bụla

оғриқ

ụfụ

жароҳат
mmerụ ahụ

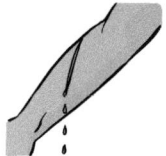

қонаш
agba ọbara

юрак хуружи
obi nkọlopu

инсульт
ọria strok

аллергия
nke ahu anataghi

йўтал
ụkwara

иситма
ahụ ọkụ

тумов
ọria flu

ич кетиш
afọ ọsịsa

бош оғриғи
isi ọwụwa

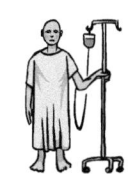

саратон касали
kansa

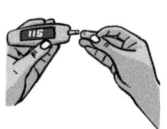

қандли диабет
ọria shuga

жарроҳ
dọkịta na-awa ahu

жарроҳ пичоғи
mma eji awa ahụ

жарроҳлик амалиёти
iwa ahụ

шифохона - ụlọ ọgwụ

томография
CT

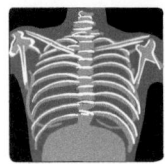

рентген
x-ree

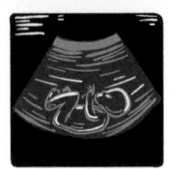

ултратовуш текшируви
nyocha ime ahu

юз ниқоби
nkpuchi ihu

касаллик
ọria

қабулхона
ebe nchekwa

қўлтиқтаёқ
mkpara

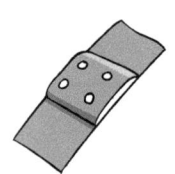

малҳамли пластир
nnyachi

бинт
bandeeji

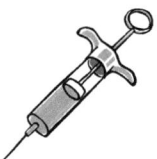

укол
ọgwụ ọgbụgba

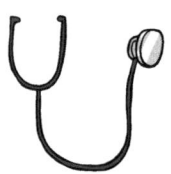

юрак урушини ва ўпкани
эшитиб кўрадиган асбоб
stetoskop

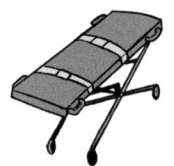

беморлар учун замбил
Igwe eji ibu mmadu

термометр
temometa ụlọgwụ

туғруқ
omumu

семизлик
ibufe oke ibu

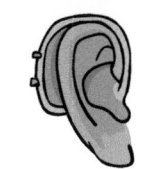

эшитиш мосламаси

enyemaka ịnụ ihe

дезинфекцияловчи восита

mmiri ọgwụ nje

инфекция

ọrịa nje

вирус

nje

ОИВ / ОИТС

Ọrịa HIV/AIDS

дори

ọgwụ

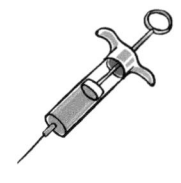

эмлаш

ịgba ọgwụ mgbochi ọrịa

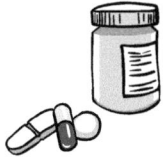

таблетка

mkpụrụ ọgwụ

дори

mkpụrụ ọgwụ

тез ёрдам қўнғироғи

oku mberede

қон босимини ўлчаш асбоби

nyochaa ọbara mgbali

касал / соғлом

na-arịa ọrịa / ahụike

тез ёрдам
mberede

Ёрдам берннглар!
Nyerem aka!

хавф-хатар ишораси
oti mkpu

тажовуз
wakpo

ҳужум
ọgụ

хавф
ihe egwu

фавқулодда ҳолатларда чиқиш эшиги
ụzọ ọpụpụ mberede

Ёнғин!
Ọkụ!

ўт ўчиргич
mmenyu ọkụ

фалокат
ọghọm

биринчи тиббий ёрдам тўплами
akpa enyemaka mbụ

фалокат сигнали
SOS

полиция
ndị uwe ojii

Ep
Ụwa

Европа
Europe

Шимолий Америка
North Amerika

Жанубий Америка
South Amerika

Африка
Africa

Осиё
Eshia

Австралия
Ọstrelia

Атлантик океани
Atlantic

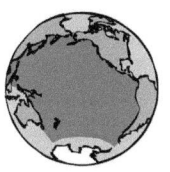
Тинч океани
Pasifik

Ҳинд океани
Oke Osimiri Indian

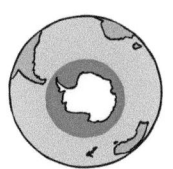
Антарктида океани
Oke Osimiri Antarctic

Арктика океани
Oke Osimiri Arctic

Шимолий қутб
Ebe Ugwu

Жанубий қутб	Антарктика	Ер
Ebe Ọdịda anyanwu	Antarctica	Ụwa

ўлка	денгиз	орол
ala	oké osimiri	agwaetiti

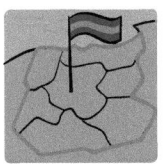 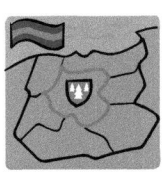

миллат	давлат
mba	steeti

соат
elekere

астрономик вақт кўрсатгичи
ihu elekere

соат мили
aka awa

дақиқа мили
aka nkeji

сония мили
ihe ejigoro

Соат неча?
Kedu ihe na-akụ?

кун
ụbọchị

вақт
oge

ҳозир
ugbu a

рақамли соат
elekere dijitalụ

дақиқа
nkeji

соат
awa

хафта
izu

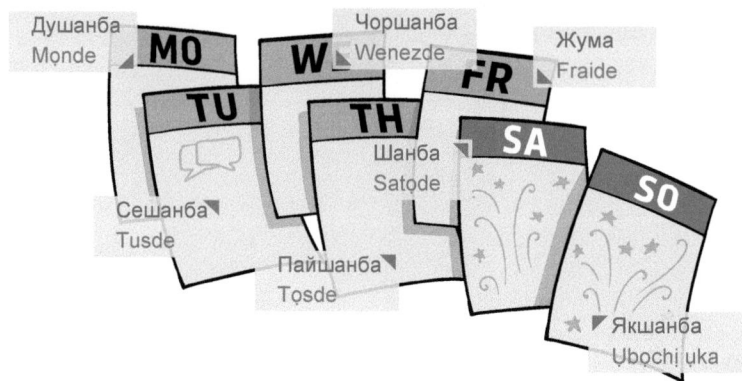

Душанба / Monde
Чоршанба / Wenezde
Жума / Fraide
Сешанба / Tusde
Пайшанба / Tosde
Шанба / Satode
Якшанба / Ụbọchị ụka

кеча
ụnyaahụ

бугун
taa

эртага
echi

эрталаб
ututu

пешин
ehihie

кечкурун
mgbede

иш кунлари
ụbọchị azụmahịa

дам олиш кунлари
izu ụka

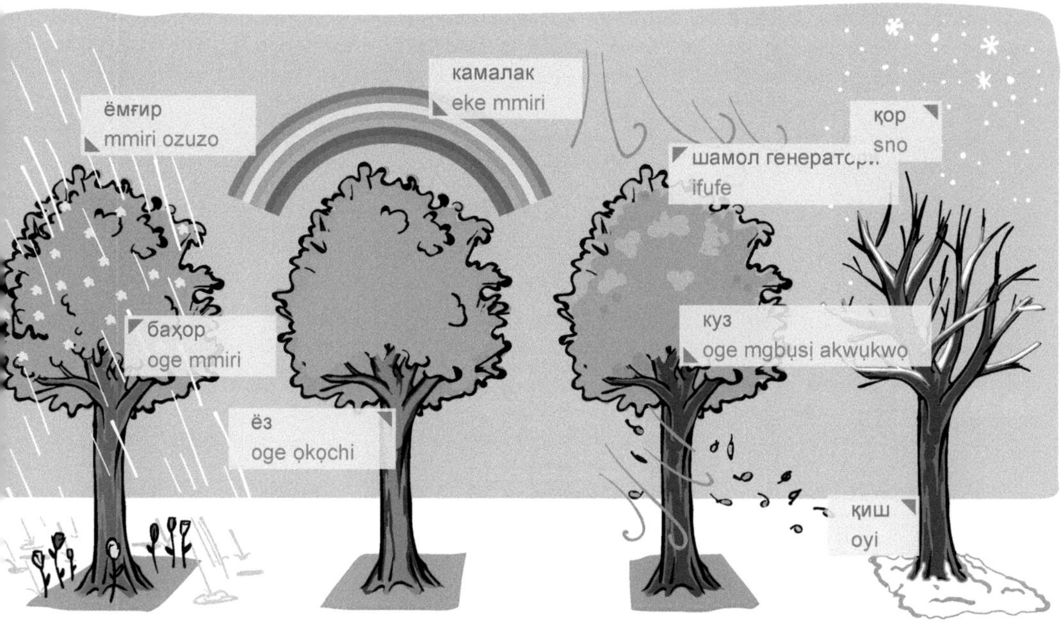

йил
afọ

ёмғир
mmiri ozuzo

камалак
eke mmiri

қор
sno

шамол генератори
ifufe

баҳор
oge mmiri

куз
oge mgbụsị akwụkwọ

ёз
oge okochi

қиш
oyi

об-ҳаво маълумоти
amụma ihu igwe

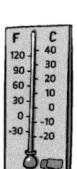

термометр
temometa

куёшли
anwụ

булут
igwe ojii

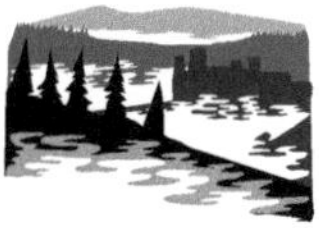

туман
foogu

намгарчилик
iru mmiri

йил - afọ 81

чақмоқ
àmụmà

момоқалдироқ
égbè eluigwe

бўрон
oké mmiri ozuzo

дўл
aki mmiri

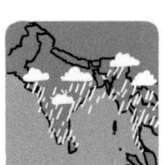

намгарчилик мавсуми
udu mmiri

тошқин
ide mmiri

муз
aiz

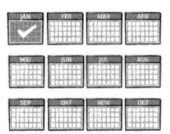

Январь
Jenụwarị

Февраль
Febụwarị

Март
Machị

Апрель
Eprel

Май
Mee

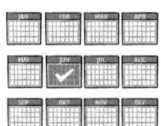

Июнь
June

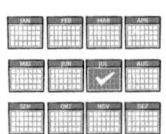

Июль
Julaị

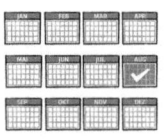

Август
Ọgọst

йил - afọ

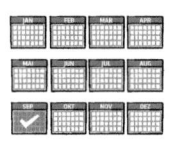

Сентябрь

Septemba

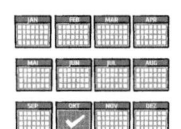

Октябрь

Ọktọba

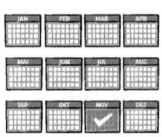

Ноябрь

Nọvemba

Декабрь

Disemba

шакллар
ụdị

айлана

okirikiri

квадрат

akuku anọ

тўртбурчак

rektangulu

учбурчак

akuku atọ

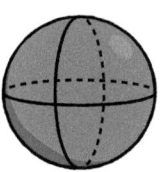

доира

okirikiri

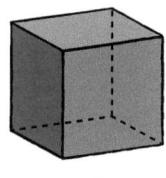

куб

igbe

ранглар
na agba

оқ
acha ọcha

сариқ
acha edo edo

сабзи ранг
acha oroma

пушти
acha pink

қизил
acha uhie uhie

тўқ қизил
acha odo odo

кўк
acha anụnụ anụnụ

яшил
acha akwụkwọ ndụ

жигар ранг
acha aja aja

кул ранг
acha isi awọ

қора
eji oji

қарама-қарши маъноли сўзлар
mmegide

кўп / оз
otutu / ntakịrị

ғазабли / хотиржам
iwe / juụ

гўзал / хунук
mara mma / jọrọ njọ

боши / охири
mbido / njedebe

катта / кичик
nnukwu / obere

ёруғ / қоронғу
na-enwu / ọchịchịrị

ака / сингил
nwanne nwoke / nwanne nwanyị

тоза / ифлос
dị ọcha / unyi

тўлиқ / чала
mezue / ezughi ezu

кун / тун
ụbọchị / abalị

ўлик / тирик
nwụrụ anwụ / dị ndụ

кенг / тор
obosara / warara

еса бўладиган / еса бўлмайдиган

oriri / erighị

ёвуз / хайрли

ojoọ / obiọma

ҳаяжонли / зерикарли

obi ụtọ / nkịtị gwụrụ

семиз / озғин

abụba / mkpa

биринчи / охирги

mbụ / ikpeazụ

дўст / душман

enyị / iro

тўла / бўш

juru eju / efu

қаттиқ / юмшоқ

ike / adụ

оғир / енгил

arọ / mfe

очлик / чанқов

agụụ / akpịrị ịkpọ nkụ

касал / соғлом

na-arịa ọrịa / ahụike

ноқонуний / қонуний

n'uzo na ezighi ezi / iwu

зиёли / калтафаҳм

onye nwere ọgụgụ isi / onye nzuzu

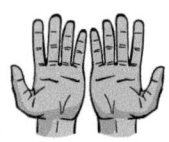

чап / ўнг

aka ekpe / aka nri

яқин / узоқ

dị nso / tere anya

янги / ишлатилган

ọhụrụ / jiri

ҳеч нарса / бир нарса

enweghi ihe / enwere ihe

қари / ёш

agadi / nwata

ёниқ / ўчиқ

gbanye / gbanyụọ

очиқ / ёпиқ

mepe / mechie

паст / баланд

jụụ / dara ụda

бой / камбағал

ọgaranya / ogbenye

тўғри / нотўғри

ziei ezi / ezighi ezi

нотекис / текис

siri ike / larịị

хафа / хурсанд

mwute / obi ụtọ

қисқа / узун

mkpụmkpụ / ogologo

секин / тез

nwayọọ / ngwa ngwa

нам / қуруқ

dị mmiri / kpọrọ nkụ

илиқ / салқин

na-ekpo ọkụ / dị jụụ

уруш / тинчлик

agha / udo

қарама-қарши маъноли сўзлар - mmegide

рақамлар
nọmba

0 ноль — efu

1 бир — otu

2 икки — abụọ

3 уч — atọ

4 тўрт — anọ

5 беш — ise

6 олти — isii

7 етти — asaa

8 саккиз — asatọ

9 тўққиз — itolu

10 ўн — iri

11 ўн бир — iri na otu

12
ўн икки
iri na abụọ

13
ўн уч
iri na atọ

14
ўн тўрт
iri na anọ

15
ўн беш
iri na ise

16
ўн олти
iri na isii

17
ўн етти
iri na asaa

18
ўн саккиз
iri na asatọ

19
ўн тўққиз
iri na itoolu

20
йигирма
iri abụọ

100
юз
narị

1.000
минг
puku

1.000.000
миллион
nde

рақамлар - nọmba

тиллар
asụsụ

Инглиз

Bekee

Америкача инглиз тили

Asụsụ Bekee

Хитой тилининг Мандарин лаҳчаси

Asụsụ ndị China

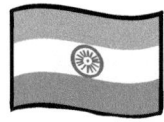

Ҳинд

Asụsụ ndị Hindi

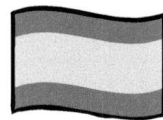

Испан

Asụsụ ndị Spain

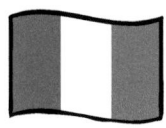

Француз

Asụsụ ndị France

Араб

Asụsụ ndị Arab

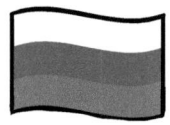

Рус

Asụsụ ndị Russia

Португал

Asụsụ ndị Portugal

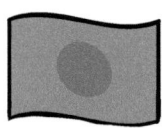

Бенгал

Asụsụ ndị Bengal

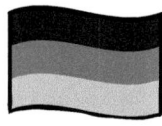

Немис

Asụsụ ndị German

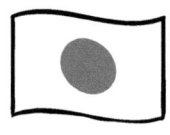

Япон

Asụsụ ndị Japan

ким / нима / қандай
onye / ihe / olee

Мен
M

Сен
gị

у / у / у
ya / ya / ya

биз
anyị

сизлар
gị

улар
ha

ким?
onye?

нима?
gịnị?

қандай?
kedu?

қаерда?
ebe?

қачон?
mgbe ole?

исм
aha

қаерда
ebee

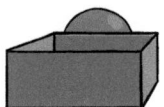

орқада

n'azụ

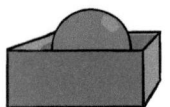

ичида

n'ime

олдида

n'ihu

узра

gafee

устида

na

тагида

n'okpuru

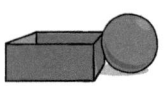

ёнида

n'akụkụ

ўртасида

n'etiti

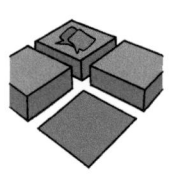

жой

ebe